QUELQUES DÉTAILS

SUR

LA TOUR D'AUVERGNE-CORRET,

PREMIER GRENADIER DE FRANCE,

PAR

FEU M. LECOZ, ARCHEVÊQUE DE BESANÇON.

A BESANÇON,
De l'Imprimerie de Ve COUCHÉ, Grand'-rue No 189.
1815.

A Monsieur,

Monsieur le Lieutenant-Général Baron **MARULAZ**, Commandant la 6.e Division militaire, etc.

MONSIEUR LE BARON,

JE devais faire hommage de l'éloge d'un Brave à celui dont la vie militaire n'a été qu'un cercle d'actions héroïques. L'auteur de cet opuscule fut votre ami, M. le Baron; c'est pour moi un motif de plus de vous offrir celui de ses ouvrages encore inédits, où il peint un guerrier qui sera à jamais célèbre dans les annales du civisme et de l'honneur.

Je suis, avec un tendre et respectueux attachement, dont la sincérité vous est connue,

Monsieur le BARON,

Votre très-humble et très-obéissant serviteur,

GRAPPIN, *Chanoine de Besançon.*

On ne lira pas sans intérêt cette production, dont je ne suis que l'éditeur. On y retrouvera deux amis également connus par de grandes vertus et par des talens distingués, comme ils l'ont été par le zèle qui les anima constamment pour la gloire de la religion et de la patrie. Jamais l'amitié n'eut de liens plus forts que ceux qui les unissaient, et jamais elle ne s'épanouit plus délicieusement. Tous les deux, réunis à présent dans le sein de Dieu, ont présenté de beaux modèles, l'un au clergé, l'autre aux guerriers ; le premier, par sa conduite édifiante, par ses connaissances profondes, par sa charité pour tous les hommes, par les aumônes abondantes qu'il a versées dans le sein des pauvres et des malheureux; le second, par de brillans exploits militaires qui ont rendu immortel le nom de La Tour d'Auvergne-Corret, ce nom qui fait encore bouillonner le courage et l'énergie des soldats français.

QUELQUES DÉTAILS
SUR
LA TOUR D'AUVERGNE-CORRET,
PREMIER GRENADIER DE FRANCE.

Par feu M. LECOZ, Archevêque de Besançon.

Je fus intimement lié avec l'illustre Breton, La Tour d'Auvergne-Corret. Elevés ensemble au collége de Quimper, rivaux dans nos premières études, franchement unis dès ces jours délicieux qu'on ne se rappelle jamais qu'avec attendrissement, notre union, pendant près de cinquante ans, ne fit que se fortifier. Notre plus grand plaisir était de nous retrouver, et de parler de nos premiers ans. Aussi, combien de fois, profitant d'un congé ou d'un semestre, La Tour d'Auvergne ne se rendit-il pas à Quimper, uniquement pour s'y entretenir, pendant quelques jours, avec son ancien camarade! Combien de fois nous allâmes ensemble revoir ces champs, ces prés, tous ces lieux chéris, où, avec Cicéron, Démosthènes, Homère, Virgile, Ovide, Horace, etc., notre enfance passa de si doux momens! Combien nous trouvions fondé, ce mot échappé du cœur de l'orateur romain: *Quis est nostrûm liberaliter educatus, cui non locus ille mutus, ubi ipse altus aut doctus est, cum gratâ recordatione in mente versetur?*

C'était dans ces délicieuses promenades que mon ami me communiquait ses idées, ses projets, ses méditations philosophiques et ses recherches littéraires. C'est-là que fut conçu le plan des *Origines gauloises*, ouvrage que les crises continuelles et absorbantes de la révolution n'ont point encore permis de bien apprécier.

Il était convenu qu'en tête de la première édition de ces *Recherches*, je mettrais une dissertation sur les rapports de la langue grecque avec la *langue bretonne*. Nous nous faisions d'avance un plaisir de surprendre le public, singulièrement prévenu contre l'idiome breton, en lui démontrant que la plus douce, la plus euphonique des langues connues, a emprunté ces aimables qualités d'une langue que, trop long-temps, l'ignorance traita de grossière ou de barbare. Il n'y a pas jusqu'à ses dialectes, que le grec ne semble devoir au *celte* ou *bas-breton*.

Des évènemens imprévus ne permirent point de réaliser cette idée. La Tour d'Auvergne, dont le cœur ne respirait que le bonheur et la gloire de sa patrie, abandonna tout pour voler à sa défense. Néanmoins, dans les courts intervalles que lui laissaient les combats, il revenait à son travail chéri; et comme le désir d'être utile, et non l'ambition d'une gloriole littéraire, le lui avait fait entreprendre, quelqu'imparfait qu'il le jugeât encore, il ne voulut point l'exposer aux mêmes hasards auxquels, chaque jour, il exposait sa personne. Il le livra donc à l'impression, en 1792, et m'en adressa, à Paris, un grand nombre d'exemplaires que je fis passer en Bretagne.

Cependant, en publiant ce premier essai, il prit un engagement avec le public, de lui présenter bientôt quelque chose de plus parfait; et dès la fin de 1793, il se proposa de donner une nouvelle édition de cet ouvrage. Dans cette vue, et persuadé que je pourrais enfin y joindre la dissertation que je lui avais promise, il m'adressa, de l'armée des Pyrénées, un exemplaire de son livre chargé de notes et d'additions considérables, avec trente louis d'or pour aider aux frais de la réimpression.

Sa lettre contenait une anecdote que je ne vois consignée nulle part, et que je crois bien propre à donner une juste idée de son caractère et de son cœur. La voici, avec quelques détails que je tiens de ses grenadiers.

La Tour d'Auvergne-Corret est commandé pour aller, à la tête d'une petite troupe, à la découverte de l'ennemi. Après quelques heures de marche, il se trouve en face d'une armée nombreuse. Ni lui, ni ses compagnons d'armes n'en sont déconcertés. Leur bonne contenauce et leur feu bien dirigé en imposent quelque temps à 8 ou 10,000 Espagnols; mais les munitions étaient au moment de leur manquer. Leur chef, qui le sait, ordonne à ses soldats d'avoir leurs fusils bien chargés, et fait aussi charger à mitraille ses petites pièces de campagne; mais par-tout il défend de tirer. Alors s'annonçait déjà cette cruelle épidémie, je veux dire cet esprit de *soupçon* qu'un génie infernal souffla sur les diverses parties de la France, et auquel on immola tant de patriotes vertueux. La Tour d'Auvergne faillit, en ce moment, d'en être la victime. A l'ordre de ne pas tirer, il entendit quelques voix répondre: *c'est un ci-devant*; *il veut nous trahir.* — *Soldats*, crie l'intrépide chef à sa troupe, *vous me connaissez*, *je suis votre camarade*, *votre ami; méprisez ces discours de fous*, *et exécutez mes ordres; nous sortirons de ce pas avec gloire.*

Cependant, au silence des Français, les Espagnols se persuadent qu'ils ne demandent qu'à se rendre, et ils s'approchent témérairement. Dès que La Tour d'Auvergne les voit bien à portée, il fait décharger sur eux et sa mousqueterie, et ses canons à mitraille. Les

Espagnols criblés, culbutés, épouvantés, sont dans le plus grand désordre. Le commandant français profite de ce moment, fait filer sa petite troupe dans le meilleur état, et se retire ainsi, avec quelques prisonniers, sans avoir perdu un seul homme.

Cette action, jointe à beaucoup d'autres également hardies et heureuses, déterminèrent le gouvernement à nommer La Tour d'Auvergne, colonel du régiment ci-devant Champagne.

A peine en eut-il reçu la lettre d'avis, qu'il assembla ses grenadiers. Camarades, leur dit-il, j'ai un avis à vous demander. A ce propos, les grenadiers de s'entre-regarder en souriant: Eh! oui, reprend leur capitaine: je vous ai quelquefois donné de bons conseils; aujourd'hui j'exige aussi votre avis sur une affaire qui me concerne. On vient de m'envoyer un brevet de colonel du régiment de Champagne: dois-je accepter? qu'en pensez-vous, mes enfans? Les grenadiers mornes et tristes se taisent. Enfin l'un d'eux prenant la parole: notre capitaine, dit-il, non-seulement ce grade, mais un grade supérieur vous est dû depuis long-temps; nous le savons, et, à cet égard, toute l'armée pense comme nous. Mais nous, nous perdrons donc notre père! nous ne pouvons, ajoutèrent les autres grenadiers, vous dissuader d'accepter cet avancement: mais nous........ des larmes leur coulaient des yeux. Mes amis, reprit La Tour d'Auvergne, attendri lui-même, je vois que cela vous afflige. Vous êtes contents de moi? — Ah! si nous le sommes! mais vous, l'êtes-vous aussi de vos grenadiers? — Mes amis, content, très-content. Vous êtes tous de braves gens, et je vous aime tous comme mes enfans. Je vais donc renvoyer ma commission. — Mais, capitaine...— Je n'écoute plus rien. Je voulais votre avis; je le connais; cela me suffit. Vous viendrez tous dîner avec moi, camarades; aucun de vous n'y manquera. Il quitte ses grenadiers étonnés et attendris, et va ordonner un dîner militaire et frugal. A l'heure marquée, les grenadiers arrivent, et La Tour d'Auvergne se place au milieu d'eux. On dîne gaiement. A la fin du repas, La Tour d'Auvergne se lève, et s'adressant à toute sa compagnie: Mes camarades, renouvelons ici un engagement mutuel, moi de ne pas vous quitter, vous de m'être toujours fidèles; et ce traité fut cimenté par les larmes de tous.

Braves camarades de La Tour d'Auvergne, vous savez si j'exagère; c'est vous qui m'avez confirmé cette scène attendrissante que je connaissais déjà par mon illustre ami. « Je » connais votre sensibilité, m'écrivait-il; je » suis sûr que cette petite scène vous fera » plaisir et qu'elle vous attendrira. C'est » aussi le seul motif qui me porte à vous » l'écrire. » Il avait bien raison: je n'ai jamais pu la raconter, et je l'ai fait bien des fois, sans que des pleurs n'interrompissent mon récit.

La Tour d'Auvergne renvoya donc sa commission de colonel; mais il garda le beau cheval d'Espagne que le ministre lui avait envoyé en même temps. Et quel usage en faisait-il? Des soldats de sa compagnie me l'ont appris. Quand ils allaient à quelque expédition, le cheval suivait; mais il était conduit par la bride. Quelque grenadier paraissait-il fatigué de la marche; camarade, lui disait le capitaine, monte ce cheval;

il me gêne à conduire ainsi ; et il fallait obéir.

Mais revenons au principal objet de sa lettre, je veux dire, à son manuscrit, et aux trente louis d'or qu'il y avait joints. Les orages terribles qui grondaient sur notre malheureuse patrie, ne permirent pas d'entreprendre la nouvelle édition de son livre qu'il me recommandait. Eh ! qui, dans ces jours désastreux, pouvait s'occuper de productions littéraires ou savantes ?

D'ailleurs, peu de jours après avoir reçu la lettre de La Tour d'Auvergne, je suis incarcéré par les ordres de Carrier. Hélas ! que va devenir le dépôt qui m'est confié ? C'est le fruit précieux des veilles de mon ami : qu'il me seroit douloureux de le perdre ! mais si on le trouve, c'en est fait, il sera déchiré ou brûlé. Assurément ni Carrier, ni son digne collègue Pochot ne veulent de semblables monumens ; et puis, c'est l'ouvrage d'un ci-devant, d'un homme qui porte un nom illustre : c'est un ouvrage sur la langue bretonne qu'on veut anéantir, (déjà un décret de la Convention l'avait ainsi ordonné) : ce manuscrit sera donc un nouveau chef d'accusation contre moi; on pourra même en faire à l'auteur un crime capital. Cette dernière réflexion sur-tout me donnait des inquiétudes déchirantes.

Je me décidai cependant à braver tous ces dangers. Je collai contre mon sein le manuscrit précieux ; je le portai dans les prisons de Rennes, et de celles-ci dans la prison de Mont-St.-Michel, où je fus bientôt transféré, avec plus de deux cent prêtres insermentés.

Ce n'était pas tout : il fallait aussi sauver les trente louis ; et c'était alors, pour un prisonnier, un délit horrible d'avoir sur lui du numéraire, et sur-tout en or. Je vis enlever à un des compagnons de ma chaîne, cent pièces de cette nature. Un certain commissaire, du choix de Carrier, nommé Héliot, après avoir accablé ce malheureux de propos outrageans, le força de prendre, en échange de ses cent louis, des assignats qui, à cette époque, étaient bien au-dessous de leur valeur nominale. Combien, dans ce moment, je tremblai pour le dépôt que je portais sur moi !

par

par bonheur, je pus le glisser secrètement dans la poche d'un des braves jeunes Rennois qui avaient la commission de nous escorter; et, grâces à la loyauté de cet aimable jeune homme, cette fois la seconde portion de mon *dépôt* fut encore sauvée.

Me voici renfermé au Mont-Saint-Michel. Là, dans les momens que me laissaient libres les redoutables *Argus* du comité révolutionnaire, je m'occupais à mettre en ordre les riches matériaux de mon ami. Mais vingt fois dans le jour mon travail était interrompu par des visites alarmantes : mon manuscrit et mon or, je les plaçais, je les déplaçais; jamais je ne les croyais en sûreté. Les inquiétudes du bon Savetier de La Fontaine ne sont rien auprès de celles que j'éprouvais: bientôt je crus tout perdu. Les Vendéens, en se rendant à Granville, passèrent au Mont-Saint-Michel où ils savoient que j'étais détenu. De mon cachot je les vis arriver : dès-lors ma vie et mon dépôt me parurent dans le plus grand danger. Je confiai l'un à un homme que protégeaient ses *opinions*, et l'autre, à un souterrain obscur et infect, que m'indiqua un concierge honnête. J'y échappai aux recherches de mes ennemis, et au bucher qu'ils me destinaient au milieu de leur armée.

Après quatorze mois de reclusion, je fus enfin rendu à la liberté. Mon premier soin fut de m'informer de La Tour d'Auvergne. Personne ne put m'en donner de nouvelles; sa famille même ignorait ce qu'il était devenu : seulement on savait que sa santé totalement délabrée l'avait forcé de quitter l'armée des Pyrénées-Occidentales; qu'il avait annoncé l'intention de venir respirer l'air natal dans la Basse-Bretagne, mais qu'il n'y avait point paru.

Je m'occupais donc de la réimpression de son livre, lorsqu'un jour on lut devant moi, dans un papier public : » Enfin l'on vient » d'avoir des nouvelles du brave La Tour » d'Auvergne-Corret. Il n'est point mort, » comme on l'avait cru. Depuis plus d'un » an il existe dans les prisons de l'Angle- » terre. » A ces mots, je bondis de surprise et de joie. Après avoir rapidement satisfait à la curiosité des assistans, je courus écrire au ministre de la guerre (alors M. Petiet), à qui j'adressai une lettre-de-change que je le priai de faire parvenir à La Tour d'Auvergne. Dans le même temps, celui-ci passait en France, sous la promesse d'un échange prochain. Il trouva ma lettre chez le ministre. Il fut enchanté, non des secours que je lui envoyais, le gouvernement avait déjà pourvu à ses besoins ; mais du vif et tendre intérêt que je prenais à lui. Il retrouvait aussi un ami qu'on lui avait assuré avoir péri sur l'un des échafauds de Carrier. Je le provoquai, par un tableau rapide de mes propres malheurs, à me raconter aussi les siens. Il me répondit, le 15 pluviôse an 4.

» Quelle émotion j'ai éprouvée, au récit
» de vos malheurs et des dangers auxquels
» vous avez été exposé, pendant que, de
» mon côté, je luttais contre l'infortune et
» contre la persécution anglaise! Mais l'idée
» de nous voir aujourd'hui rendus à nos
» amis, à nos parens, à notre patrie, et
» rétablis dans une situation plus tranquille,
» est douce à envisager, tandis que le ressou-
» venir de nos malheurs ne laisserait dans
» nos ames qu'un sentiment pénible qu'il
» faudrait repousser.

» Mais comme vous êtes entré avec moi
» dans quelque détail sur les persécutions
» auxquelles vous avez été en but, je dois,
» à mon tour, et passant sur les évènemens
» de mes campagnes, vous faire part de celui
» qui me fit tomber au pouvoir des Anglais,
» les plus cruels et les plus perfides de nos
» ennemis.

» Dans le délabrement total où se trouva
» ma santé, à la fin de la dernière campagne
» des Pyrénées-Occidentales, j'obtins un
» congé pour retourner dans ma famille, en
» attendant ma retraite, que j'avais sollicitée.
» Je m'embarquai à Bordeaux (janvier 1795)
» pour me rendre à Brest, sur un petit
» transport de la république, nommé *La
» Lormontaise*, afin d'éviter les Chouans qui
» infestaient alors les environs de La Rochelle
» et de Nantes. Après avoir battu la mer
» pendant vingt-cinq jours, jeté par la tem-
» pête sur le rocher Le Coq, à trois ou quatre
» lieues de Camaret (qui tient à Brest),
» notre bâtiment faisait trois pieds d'eau par
» heure, et était près de s'entr'ouvrir, quand
» nous nous vîmes entourés d'une escadre

» anglaise de cinq frégates, à laquelle notre » petit esquif, *sur lequel il ne se trouvait* » *pas un seul fusil*, fut forcé de se rendre.

» Je ne vous entretiendrai pas de tout ce » que j'ai eu à souffrir, pendant une année » de captivité, de la part des Anglais, poussés » sans doute par nos é.... et nos p.... français. » Mon ame républicaine ne connaissant pas » la faiblesse de se dissimuler et de se prêter » aux circonstances, je me montrai toujours » tel que j'étais, Français et patriote. Le » signe révéré de ma nation, la cocarde » tricolore, fut toujours sur mon casque, » et mon costume dans les fers, était celui » que j'avais dans les batailles. De-là la haine » qui se déchaîna contre moi, et les persé- » cutions que j'ai eues à endurer.

» Je suis parti de ma prison le 7 janvier, » sur ma parole de me faire échanger pour » un officier anglais de mon grade; ce que » le ministre de la guerre à qui j'avais écrit, » m'a obligeamment accordé. Débarqué au » Havre-de-Grâce, le 12, mes pieds, pour » la première fois depuis un an, marchèrent » fièrement sur le sol de la liberté. Quelle

» différence entre ma patrie et le pays que » je venais de quitter ! Par-tout j'ai été reçu » et accueilli, non avec des démonstrations, » mais avec les sentimens du plus sincère » intérêt, et sur-tout à Paris, où tous les » députés des départemens, sans exception, » m'ont comblé de caresses. Qu'il est doux, » qu'il est heureux d'être aimé ! Je n'ai fait » ce chemin dans le cœur des Français, que » par ma franchise et ma loyauté, et par » ma fidélité inviolable, dans l'adversité » comme dans la prospérité, à la cause glo- » rieuse que j'ai embrassée. Je suis venu » solliciter ici mon échange et ma retraite. » Mon pays étant occupé par les Chouans, » et ne voyant aucune possibilité d'y finir » tranquillement mes jours, je pense à me » retirer dans le pays des Basques, et près » des frontières où j'ai combattu, et où je » suis plus particulièrement connu, etc. »

Dans la même lettre, La Tour d'Auvergne me remercie d'avoir conservé son manuscrit et de n'avoir point réimprimé son ouvrage, que, pendant sa captivité en Angleterre, il avait augmenté de plus de moitié. Quelques hommes honnêtes lui avaient ouvert les bibliothéques d'Angleterre, et il y avait trouvé, sur notre langue bretonne, des manuscrits précieux et un si grand nombre de monumens, qu'il en était lui-même étonné.

Après m'avoir fait des remercîmens sur la conservation de son manuscrit, il me fait des reproches sur celle de son argent. » Des » réserves semblables, me dit-il d'un ton » sévère, ne conviennent pas entre des amis » qui se sont éprouvés, et qui ne le sont » pas de nom seulement. Mais puisque vous » avez été arrêté jusqu'ici par des considé- » rations qui ne s'accordèrent jamais avec la » tendre et vieille amitié, je vous demande » et exige que nous partagions cette somme, » jusqu'à ce que le temps n'amène des évène- » mens plus prospères pour vous. N'outragez » pas mon amitié par un refus : il est des » choses sur lesquelles j'aime à me satisfaire » sans éprouver de contradictions, et celle- » ci est du nombre. »

Malgré cet ordre de l'amitié, je fis des représentations. Mon ami, vous n'êtes point dans l'aisance; votre santé est délabrée; pour la rétablir, beaucoup de soins sont nécessaires : le traitement que vous recevez du gouvernement (800 fr. par an), est bien modique. Moi, je me porte bien ; ma grande économie et ma sobriété me tiennent lieu de trésors ; je vous conjure donc........ Sa réponse fut tranchante : » Quoique je ne reçoive que » 25 liv. par mois en numéraire, et le reste » en mandats, j'en ai assez pour aller douce- » ment dans la vie. Je me prosterne bien » plus volontiers devant la Providence pour » la remercier que pour lui rien demander. » Du pain, du lait, la liberté, et un cœur » qui ne puisse jamais s'ouvrir à l'ambition, » voilà l'objet de tous mes désirs. Je vous » le répète donc : que le partage soit stricte- » ment égal entre nous. Vous ne sauriez en » user autrement sans offenser mon amitié, » et vous exposer à la perdre pour toujours. »

On sent qu'après une telle menace, je dus me rendre au désir de mon ami ; mais j'ajouterai, et ceci achèvera de peindre son ame franche, sans détour et sans faiblesse, cet homme si impérieux quand il voulait obliger un ami sûr, ne craignait pas de recourir à lui dans ses besoins. Quelques mois avant sa dernière campagne, je reçus de lui cette nouvelle marque d'estime; et, je l'avoue, il ne m'en donna jamais de plus flatteuse pour mon cœur.

Quel tableau vient me présenter cette campagne, si glorieuse pour lui, mais dont les suites ont été si affligeantes pour ses amis, pour la France même! Je vois encore La Tour d'Auvergne percé d'une lance homicide: je vois le plus pur, le plus loyal, le plus généreux, le plus aimant des hommes, étendu sur la poussière! Et c'est moi, peut-être, qui l'ai déterminé à cette campagne fatale!

NAPOLÉON venait de donner à La Tour d'Auvergne un témoignage éclatant de la satisfaction qu'il avait de ses services, en le nommant *Premier Grenadier des armées de la République*, et en lui décernant un Sabre-d'honneur. Le ministre de la guerre Carnot lui avait annoncé cette faveur, par la lettre honorable que je vais transcrire.

» En fixant mes regards sur les hommes
» dont l'armée s'honore, je vous ai vu,

» citoyen, et j'ai dit au Premier Consul : » La Tour d'Auvergne-Corret, né dans la » famille de Turenne, a hérité de sa bra- » voure et de ses vertus.

» C'est l'un des plus anciens officiers de » l'armée ; c'est celui qui compte le plus » d'actions d'éclat. Par-tout les *braves* l'ont » nommé *le plus brave*. Modeste autant » qu'intrépide, il ne s'est montré avide que » de gloire, et a refusé tous les grades.

» Aux Pyrénées-Occidentales, le général » commandant l'armée rassembla toutes les » compagnies de grenadiers, et pendant le » reste de la guerre, ne leur donna point » de chef. Le plus ancien capitaine devait » commander ; c'était La Tour d'Auvergne. » Il obéit ; et bientôt ce corps fut nommé » par les ennemis, *la Légion infernale*.

» Un de ses amis n'avait qu'un fils dont » les bras étaient nécessaires a sa subsistance ; » la conscription l'appelle. La Tour d'Au- » vergne, brisé de fatigues, ne peut travailler ; » mais il peut encore se battre. Il vole à » l'armée du Rhin, remplace le fils de son » ami ; et pendant deux campagnes, le sac

» sur le dos, toujours au premier rang, il » est à toutes les affaires, et anime les grena- » diers par ses discours et son exemple.

» Pauvre, mais fier, il vient de refuser » le don d'une terre que lui offrait le chef » de sa famille. Ses mœurs sont simples, sa » vie est sobre; il ne jouit que du modique » traitement de capitaine à la suite, et ne » se plaint pas.

« Plein d'instruction, parlant toutes les » langues, son érudition égale sa bravoure, » et on lui doit l'ouvrage intéressant, inti- » tulé *Origines gauloises*.

« Tant de vertus et de talens appartiennent » à l'histoire; mais il appartient au Premier » Consul de la devancer. »

« Le Premier Consul, citoyen, a entendu » ce précis avec l'émotion que j'épouvais » moi-même; il vous a nommé sur-le- » champ, *Premier Grenadier des armées* » *de la République*, et vous décerne un » Sabre-d'honneur. » *Paris*, 5 *floréal an* 8.

Aussitôt que cette lettre fut connue par la voie des journaux, je m'empressai de joindre ma voix à celle de tous les bons citoyens, et je fus un des premiers à lui en faire compliment. Voici sa réponse : « J'ai lu et relu » votre aimable lettre, avec cette émotion » qui a sa source au fond d'un cœur que » vous avez formé depuis long-temps à » vous aimer. Vous me deviez des consolations bien plus que des félicitations sur » les évènemens dont vous me parlez. Avant » d'accepter un rang aussi éminent que » celui de Premier Grenadier des armées de » la république, j'ai dû commencer à compter » avec moi-même. Comme je n'ai rien » aperçu en ma personne qui pût justifier » l'insigne faveur dont le gouvernement me » rendait l'objet, et que la distinction éclatante dont il m'honorait, ne me paraissait » fondée que sur des qualités et un mérite » que je suis le premier à me contester, » tout m'a fait un devoir de m'excuser de » l'accepter, et de ne point me parer d'un » titre qui, sous aucun rapport, ne pouvait » m'être applicable. Je suis trop jaloux de » conserver des droits à l'estime des grenadiers » de l'armée et à leur amitié, pour aliéner de » moi leur cœur en blessant leur délicatesse.

» Les voies où j'ai marché, ont toujours été » droites et faciles, etc. »

J'entrepris de combattre sa modestie. Prenez-y garde, lui dis-je; rappelez-vous l'axiome, *les deux extrêmes se touchent*. La modestie poussée trop loin peut devenir un défaut, peut devenir de l'orgueil. Vous avez fait votre devoir; votre conscience vous en rend le doux témoignage; vous l'avez fait d'une manière brillante; votre patrie veut vous en récompenser. Est-ce à vous d'assigner des bornes à sa reconnaissance? Si vous aviez été un lâche, un traitre, lui refuseriez-vous le droit de vous flétrir? Elle reconnaît que vous avez été un patriote fidèle, un militaire constamment utile; reconnaissez aussi le droit qu'elle a de vous honorer. Les Grecs, après une victoire signalée, proclamaient ceux qu'ils croyaient y avoir le plus contribué. Les proclamés craignaient-ils de blesser la délicatesse de leurs camarades, en acceptant les couronnes que leur décernaient le peuple ou ses représentans?

Ces raisons parurent calmer les scrupules de La Tour d'Auvergne : du moins, il ne me parla plus de sa répugnance à accepter le titre de *Premier Grenadier des armées.*

Un autre point l'affligait encore plus vivement. Le croira-t-on? Ce *considérant* si naturel, si vrai, si beau, du ministre de la guerre, faisoit le tourment de La Tour d'Auvergne. « Quelqu'un, m'écrivait-il, » quelqu'un qui ne compta jamais avec sa » patrie que pour briguer l'honneur de la » servir, et qui rangea toujours parmi les » choses les plus indifférentes, les éloges, les » honneurs, etc., pouvait-il n'être pas » vivement affecté de se voir louer en face » et d'une manière qui ne ménageait pas » même sa pudeur? Ce *considérant* fera » longtemps le tourment de ma vie. Mais il » est des contrariétés dont toute la prudence » humaine ne sauroit nous garantir; et je » vois que, dans une révolution, celui qui a » été assez heureux pour éviter la cigüe, doit » au moins s'attendre à boire l'absinthe à » longs traits. »

O vertu aimable! ô touchante modestie! tu as donc aussi tes crises et tes tourmens! et des louanges publiques, quelque méritées qu'elles puissent être, sont pour toi aussi amères que le sont pour l'orgueil, les humiliations les plus profondes?

Il est étonnant combien La Tour d'Auvergne portait loin la délicatesse à cet égard. Au moindre signe d'admiration, au moindre mot d'éloge, son ame se contractait, se flétrissait, pour ainsi dire; semblable à cette plante qui resserre ses feuilles, et manifeste une sorte de douleur lorsqu'on l'approche de trop près, pour l'observer ou pour l'admirer. Presque toutes ses lettres, et j'ai le bonheur d'en avoir conservé plusieurs, respirent cette extrême sensibilité. « O mon » ami! m'écrivait-il, le 10 thermidor an 4, » combien je regrette de me voir séparé de » vous, dans un moment où j'aurais si grand » besoin de vos charitables avis! des ressources » dérivées de moi-même sont un bien faible » support pour faire valoir mon traité sur » les *Origines gauloises.* Je cherche ici des » juges sévères de mon ouvrage, et je ne » trouve que des flatteurs qui me trahissent » et qui m'egarent. Hâtez-vous de vous » rendre à mes désirs impatiens. »

La plus grande ambition de La Tour d'Auvergne était de s'ensevelir, à la paix, dans une solitude où il put se livrer à l'étude et à la méditation. Cet amour de la retraite perce dans toutes ses lettres; et l'on peut assurer qu'après son amour pour la patrie, c'était la passion qui le dominait le plus. « La raison, m'écrivait-il dès le 20 floréal » an 4, la seule raison qui me fait quitter » Paris, est que la vie qu'on y mène a quel- » que chose de trop agité pour satisfaire les » goûts d'un homme simple, qui a besoin » aujourd'hui de faire succéder un peu de » repos à de longues fatigues et à de penibles » travaux. A la campagne ou dans de petites » villes, on se trouve dans sa situation » naturelle; et étant placé entre la société » et la retraite, aussi bien qu'entre le repos » et d'agréables occupations, l'on se tire » de la dépendance en cherchant les sentiers » qui nous dérobent à la foule, et l'on jouit » enfin de cette précieuse liberté, sans » laquelle on ne peut être véritablement » heureux. C'est dans ces sentimens que j'ai » quitté avec joie Paris et la grande scène

» des évènemens, pour rechercher l'oubli et » l'obscurité. Mais comme le gouvernement, » en me refusant ma retraite, s'est ménagé » de me rappeler au premier moment à » son service, certes, si la patrie se trouvait » réduite à appeler encore autour d'elle ses » vieux défenseurs, vous sentez avec quels » transports je viendrai me ranger de nou- » veau sous ses drapeaux. Toutes mes » richesses, mon cher ami, sont dans mon » cœur, dans mon amour pour le pays où » je suis né, tout prêt à combattre et à » mourir pour lui et pour l'honneur du nom » français. Je ne varierai certainement jamais » dans ces sentimens, ni dans ceux que je » vous ai voués. »

Il se retira donc à Passy, où il vivait heureux dans une profonde solitude. Il en sortit néanmoins, quelque temps après, pour une affaire où il me disait que son cœur était intéressé. Il ne s'expliquait pas davantage. Je crus d'abord qu'il était pour lui question d'un établissement. Respectant ce ton de mystère que, pour la première fois, il employait avec moi, je n'eus garde de lui demander son secret. Quelle fut ma surprise lorsque j'appris que cette affaire de cœur à laquelle il sacrifiait la douceur de sa retraite, était de remplacer, à l'armée, le fils de son vénérable compatriote Le Brigant !

L'histoire des Grecs et des Romains nous offre de grands traits : en est-il un seul qu'on puisse mettre au-dessus de celui-là ? Un homme de plus de cinquante ans, épuisé de travaux et de fatigues ; un homme qui, sortant des horreurs d'une longue captivité, avait enfin retrouvé le calme et le repos après lesquels il soupirait ; un officier de l'ancien régime, accoutumé au commandement et digne de commander une armée, sacrifie à-la-fois son repos, sa santé, son grade, son amour-propre, pour remplacer un jeune soldat, pour se charger du havre-sac destiné à celui-ci, et marcher en simple grenadier dans les mêmes rangs où si long-temps il avait marché comme l'un des plus grands capitaines de l'Europe !

Une mort glorieuse fut la suite de ce généreux dévouement. Lorsqu'à la bataille de Neubourg, le 17 juin 1800, La Tour d'Auvergne combattait dans les premiers rangs, la lance d'un Hulan perça le cœur de cet immortel guerrier, et plongea dans le deuil toute l'armée. Il fut enseveli sur le champ de bataille, couvert de branches de laurier et de chène. Ses camarades le pleurèrent; et néanmoins ils imaginèrent un moyen de le regarder toujours comme un modèle encore subsistant de patriotisme et de bravoure. En effet, depuis le moment où la France le perdit, jusqu'au retour des Bourbons, son nom fut toujours prononcé, comme s'il vivait encore dans la compagnie des grenadiers de sa demi-brigade, en tête de l'appel qu'on faisait de chacun d'eux.

J'ajoute que cette demi-brigade, jalouse de conserver la portion la plus précieuse de ses restes, enferma son cœur dans une boîte d'argent, recouverte de velours noir orné de broderie en or, représentant un cœur. Par une délibération générale, elle arrêta que cette boîte serait portée dans toutes les marches et parades, par le premier grenadier de cette demi-brigade, toujours escorté de quatre autres grenadiers, et qu'elle serait déposée près des drapeaux, dont elle ne serait jamais séparée.

Je n'ai pas besoin de dire que la moralité de cet homme rare fut toujours entière et inaltérable. Il était philosophe, mais philosophe religieux. Une ame si pure pouvait-elle méconnaître le principe de sa dignité? Une ame si droite pouvait-elle refuser à son auteur le tribut d'hommages qui lui est dû? Une ame si digne de l'immortalité, pouvait-elle s'accommoder du système absurde et horrible du néant?

Que ne puis-je mettre sous vos yeux quelques autres de nos entretiens? Vous y verriez les idées les plus originales et les plus philosophiques de La Tour d'Auvergne, sur la méthode d'étudier les langues, sur la manière de lire l'histoire, sur les qualités qu'on devrait exiger dans tous les membres d'une société littéraire quelconque, sur les moyens de faire de la science un instrument de bonheur public, sur les motifs d'échanger le mot philosophie en celui de sagesse; sur le creuset propre à distinguer les vrais sages, de ceux qui osent en usurper le titre; sur la gloire dûe aux uns, et la flétrissure à laquelle les autres devraient être condamnés.

Je gémis, me disait-il, dans un de nos derniers entretiens, je gémis de la division qui existe depuis quelques années entre la philosophie et la théologie. Filles d'un même père, nées pour tendre au même but, pour faire triompher la vertu et la vérité, comment se fait-il qu'elles ne se trouvent pas d'accord? Pourquoi diviser leurs forces? Pourquoi ne pas réunir leurs efforts contre leurs ennemis communs, les erreurs et les vices? Les divisions des Grecs suspendirent la chute de Troye: la mésintelligence de nos sages prolonge le règne de la folie. Je voudrais donc pouvoir les conduire jusqu'à l'autel de l'amitié; et là, je leur dirais: Abjurez ici vos funestes querelles, et devenez aujourd'hui ce que vous fûtes autrefois, de tendres sœurs, de vraies amies. Ne combattez-vous pas sous la même enseigne, celle de la sagesse? Assurez donc vos triomphes par une constante union. Je le sais, vos armes sont inégales, vos procédés sont différens; mais vous courrez dans la même lice. Que le philosophe ouvre la barrière; mais que le théologien l'avertisse et le retienne quand il s'approche trop des écueils qui bordent cette carrière.

Je le sais, ajouta-t-il, il est beaucoup d'hommes qui prétendent que la raison nous suffit. Je ne puis adopter leur opinion. A chaque pas je sens l'insuffisance de ma raison : c'est un flambeau qui m'éclaire dans les ténèbres de la nuit. Mais combien la sphère des rayons de ce flambeau est circonscrite! combien d'objets qu'ils ne peuvent atteindre! En conclurai-je qu'ils n'existent pas? En conclurai-je même que je ne dois point chercher à les connaître? Quoi! si la lumière qui nous dirige, débordant l'horison de notre planète, éclairait les extrémités d'un autre monde assez pour nous convaincre qu'il existe, trop peu pour nous en découvrir la nature, repousserions-nous dédaigneusement une lumière supérieure qui pourrait nous donner de ce monde faiblement aperçu, une connaissance propre à nous faire sentir ses rapports essentiels avec le monde que nous habitons? Or, cette lumière supérieure, c'est la théologie, ou la révélation, objet de la vraie théologie. Et, comme Diderot lui-même en convient, cette révélation épargne au philosophe bien des travaux, beaucoup d'écarts, c'est-à-dire, beaucoup d'erreurs; et même, dans l'étude de la nature, les premières et les plus difficiles questions, c'est la révélation seule qui peut les résoudre.

Diderot pouvait ajouter: c'est sur-tout dans les choses morales que le flambeau de la révélation nous est nécessaire. A force de méditations et d'expérience, l'homme peut, jusqu'à un certain point, se dévoiler le mécanisme de l'univers. Mais dans quelles ténèbres il se trouve! par combien de questions insolubles il se voit arrêté, désespéré, lorsqu'il vient à se replier sur lui-même, lorsqu'il veut étudier, dirai-je sa dignité ou ses misères! —— Dites, repris-je, sa dignité et ses misères! —— Vous avez raison: quel tableau, en effet, la raison seule nous offre de l'homme! et combien de contrastes dans ce tableau! que d'élévation et que de bassesse! que de lumière et que d'obscurités! des sentimens qui nous élèvent à l'héroïsme des plus sublimes vertus; des penchans qui nous entraînent dans la fange des vices; un esprit qui mesure les cieux, et qui va se briser contre un grain de sable ; un cœur insatiable de félicité, et qui n'a pas de plus cruel bourreau que lui-même ; rois de la nature, puisque nous sommes ce que la nature a de mieux, et toutefois dépendans de tout ce que renferme la nature ; les élémens sont à nos ordres, et ils nous font la guerre : ils servent à nos plaisirs, et ils font nos malheurs; ils aident à nourrir, à fortifier, à embellir cette partie de nous-mêmes, qui néanmoins est aussi de la substance des élémens, et qui est par eux affaiblie, ébranlée, et enfin détruite! Quelle enigme, ou plutôt quel assemblage d'énigmes! Où est le philosophe qui pourra nous les expliquer? Les mille et un systêmes imaginés pour y parvenir, ne nous prouvent que trop combien la solution en est impossible à la philosophie ; et, d'un seul mot, la théologie nous la donne. Dans cet homme né *pécheur*, le contraste de son élévation et de sa bassesse, de ses misères et de sa dignité, n'a plus rien qui me surprenne : son état, composé de bien et de mal, m'annonce les bontés et la justice du souverain Être par qui il existe......... Alors docile à ma raison, lors même que j'en reconnais l'impuissance, je lui sais gré de m'avoir conduit à une lumière supérieure qui supplée à cette impuissance, et qui, en m'indiquant la source de nos maux, me montre en même temps le remède qu'une bonté infinie y a destiné. Je l'avoue, cela me soulage et me fortifie; et je suis d'autant plus porté à trouver vrais les oracles de la religion, quoique souvent inintelligibles pour moi, qu'ils satisfont mon cœur et mon esprit, et qu'ils me donnent, des apparentes contradictions de cette vie, une solution vaste, sublime, et tout-à-fait consolante.

Le péché originel n'est donc point à vos yeux comme à ceux de la plupart de nos beaux esprits? — Non, certes; il étonne ma raison, mais il ne la choque pas; il est en quelque sorte pour moi la clef de l'univers. Avec cette clef, je puis pénétrer jusqu'à une certaine profondeur dans les trésors du passé, dans les phénomènes du présent, et dans les mystères de l'avenir. Au reste, il me semble que presque toutes les nations en ont eu une certaine idée. Les uns ont dit : l'homme naît malheureux ; donc sa nature a été infectée de la tache de quelque crime : d'autres, l'homme naît avec des inclinations dépravées, porté au vice beaucoup plus qu'à la vertu ; donc la nature humaine n'est point l'ouvrage d'un Dieu bon, mais d'un être malfaisant. Il en est qui, pour expliquer cette énigme, ont été jusqu'à soutenir que l'homme a préexisté à son existence actuelle. Puis-je mettre ces explications que la raison cherche à me donner, au-dessus, ou même à côté de celles de la révélation ? Quant à nos incrédules modernes, je leur dirai, avec Pascal : Vous trouvez que le dogme du péché originel est contre la raison. D'où l'idée en est-elle donc venue à presque toutes les nations ? Est-ce la raison qui a produit un monstre contre la raison ?

Vous consentez donc à soumettre votre raison à la révélation ? — Eh ! pourquoi non, mon ami ? La révélation bien constatée, n'est-ce pas la parole de Dieu ? Nierai-je que Dieu puisse parler aux hommes qu'il a créés ?

Ce serait de ma part un délire. Si donc il leur a parlé, et mille preuves incontestables me portent à le croire, ne dois-je point lui accorder une créance que, par de sages égards, nous accordons quelquefois à un homme ?

Qu'en la présence d'un nouvel Archimède, on me propose un problême à résoudre : je n'y vois pas de solution ; il la donne. Je ne la saisis point : et cependant ne la tiendrai-je pas indubitablement pour complète, tant je défère à ses lumières ?

Quelqu'un peut-être blâmera cette aveugle condescendance. Combien, cependant, n'est-elle pas mieux fondée que ces condescendances journalières sans lesquelles la société ne saurait exister ? Combien encore ne devient-elle pas plus légitime, combien même indispensable, si je suppose inaccessible à toute erreur ce géomètre à qui je défère ? Mais cette infaillibilité absolue qu'excluent nécessairement les bornes de l'être créé, n'est-elle pas un attribut essentiel de l'Être infini ? Pourrai-je donc balancer à croire les infaillibles solutions que me présente l'Être infini, quoiqu'il ne soit point donné à ma faible raison de les concevoir ?

Vous croyez donc sincèrement à une religion révélée ? — Oui, mon ami. Je crois à la religion chrétienne, à la religion catholique. Ses dogmes éclairent mon esprit, et sa morale charme mon cœur. C'est à elle que je crois devoir mes faibles vertus ; c'est à elle sur-tout que, dans tous les temps, j'ai dû mes plus belles espérances, mes plus douces consolations. — A ces mots, je le serrai dans mes bras, et je l'arrosai de mes larmes. — Mon ami, me dit-il, ce mouvement m'attendrit moi-même ; c'est une nouvelle preuve de votre amitié pour moi. Oui, je vous le dirai, puisque la manifestation de mes sentimens vous fait plaisir ; mon esprit me démontre la divinité de notre religion, et mon cœur la désirait. Je me sens plus fort, plus grand, plus libre, plus indépendant, sous l'œil d'un Dieu qui voit toutes mes actions, et dont la voix semble m'animer sans cesse aux combats de la vertu. Oui, aux yeux de ma raison, comme à ceux de ma foi, la doctrine de Jésus-Christ est le chef-d'œuvre le plus étonnant ; et la divinité en fût-elle moins solidement démontrée, je la regarderais encore comme le système de philosophie-pratique le plus parfait qu'il fût possible d'imaginer. Je le sais, il est des hommes qui n'y croient pas; je les plains. Que, sans le secours de cette religion, ils soient d'honnêtes gens: ils le disent, je le crois; mais, à coup sûr, cette religion me serait un plus sûr garant et de la pureté de leur cœur, et de la délicatesse de leurs sentimens. La Bruyère a un mot que j'ai souvent médité. *L'esprit docile*, dit-il, *admet la vraie religion, et l'esprit faible ou n'en admet aucune, ou en admet une fausse. Or, l'esprit fort ou n'a point de religion, ou se fait une religion; donc l'esprit fort c'est l'esprit faible.* Il me semble que la conduite de nos mécréans vient à l'appui de ce raisonnement.

Ainsi pensait mon illustre ami; et l'on ne dira point, sans doute, que les principes religieux aient rétréci son ame, lui qui fut si digne d'être proclamé le Premier Grenadier des armées.

Homme de bien, homme sensible et généreux, je t'ai pleuré, je te pleure encore. Que n'ai-je pu passer avec toi le peu de jours qui me restent à vivre! j'ai du moins le doux espoir de nous voir réunis dans une vie infiniment meilleure. Cet espoir, qui soutient ton ami, est l'unique soulagement de sa douleur.

L'éditeur de cet opuscule apprend à l'instant que, dans le cours du présent mois de juin, les Bretons fédérés passant à Carhaix, patrie de La Tour d'Auvergne, voulant rendre à sa mémoire un hommage public, y ont fait célébrer une messe solennelle, à laquelle ont assisté toutes les troupes sous les armes, ainsi qu'une foule d'habitans de la ville.

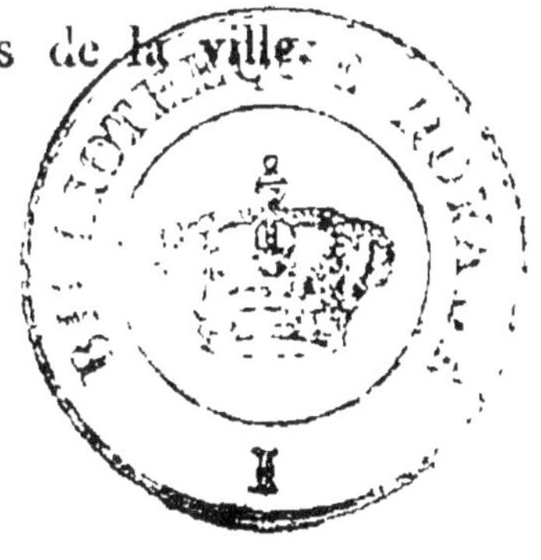

www.ingramcontent.com/pod-product-compliance
Lightning Source LLC
LaVergne TN
LVHW020245230826
846091LV00006B/2259

* 9 7 8 2 0 1 3 3 5 8 3 3 0 *